Trolle im Wald und anderswo

Texte schreibender Schüler*innen für den
Bundesverband der Friedrich-Bödecker-Kreise e. V.
im Rahmen des Projektes
„Kultur macht stark. Bündnisse für Bildung II"
des Bundesministeriums für Bildung und Forschung

herausgegeben von
Barbara Zoschke

mitteldeutscher verlag

Herausgeber: Bundesverband der Friedrich-Bödecker-Kreise e. V.
Im Rahmen des Programms „Kultur macht stark. Bündnisse für Bildung“
des Bundesministeriums für Bildung und Forschung

Gesamtkonzept/Redaktion: Jürgen Jankofsky
Cover: Claudia Lichtenberg
Satz/Gestaltung: Mitteldeutscher Verlag GmbH, Halle (Saale)
Illustrationen der Steckbriefe: Andrea Glocke

Weitere Informationen zu den „Autorenpatenschaften“ über:
www.boedecker-buendnisse.de

Alle Altersangaben beziehen sich auf die Entstehungszeit der jeweiligen Texte.

2018

www.mitteldeutscherverlag.de

ISBN 978-3-96311-086-3

Printed in the EU

Zum Geleit

Als Initiative im Rahmen des zweiten Programms „Kultur macht stark“ des Bundesministeriums für Bildung und Forschung gründete der Bundesverband der Friedrich-Bödecker-Kreise deutschlandweit lokale „Bündnisse für Bildung“, organisierte wiederum Autorenpatenschaften. Unter dem Motto „Wörterwelten“ führten Kinder- und Jugendbuchautor*innen Kinder und Jugendliche an das Lesen und Schreiben literarischer Texte heran, Heranwachsende entdeckten mit Hilfe von professionell Schreibenden neue Ausdrucksformen und erschlossen sich einen neuen Erfahrungshorizont. Vor allem bei Autorenbegegnungen und in Schreibwerkstätten entwickelten die Teilnehmer*innen eigene Texte, welche unter Anleitung der Autoren*innen in einem intensiven Entstehungs- und Wandlungsprozess diskutiert, bearbeitet und vorgetragen wurden.

Am Ende einer jeder Autorenpatenschaft gibt schließlich eine Publikation vielseitige und vielfältige Einblicke in das jeweilige, gemeinsame Projektjahr – nicht zuletzt, um zur Weiterführung und Nachahmung zu ermutigen.

Für die Gesellschaft – „die Welt der Erwachsenen“ – besteht durch ehrliche Texte wie die hier von Schüler*innen vorgelegten eine einzigartige Möglichkeit in das Denken und Fühlen der kommenden Generation vorzudringen und so eigene Verhaltens- und Denkweisen, ja, gesellschaftliche Entwicklungen generell zu diskutieren und zu überprüfen. Dies ist ein Schatz, der nicht in der einen oder anderen (Bildungs)Schublade abgelegt werden darf, ein Schatz, der nicht (Denk)Schemata bedient, sondern durchaus zu neuen Denkweisen anregen kann.

Wäre es beispielsweise vorstellbar, dass die Ergebnisse dieses (Modell)Projekts zu (Planungs)Gesprächen ermutigten, originelle Leseförderung, so vor allem das kreative Schreiben, Heranwachsenden kontinuierlich anzubieten – bundesweit?

Für die hier dokumentierte „Autorenpatenschaft" im Bundesland Rheinland-Pfalz schlossen der Bundesverband der Friedrich-Bödecker-Kreise e. V., die Integrierte Gesamtschule Morbach, das Forstamt Morbach sowie der Friedrich-Bödecker-Kreis Rheinland-Pfalz e. V. ein lokales Bündnis. Als Autorenpatin wirkte Barbara Zoschke von Juli bis Dezember 2018. Als KoordinatorInnen vor Ort fungierten Isabell Schu-Schätter und Judith Peters sowie, vom FBK, Malte Blümke.

Jürgen Jankofsky

Vorwort

Wer schreibt, hat vorher gelesen. Und je mehr er gelesen hat, desto besser gelingt ihm das Schreiben. Texte funktionieren nämlich nach bestimmten Gesetzmäßigkeiten, die jedes Kind, dem vorgelesen wird, schon „mit der Muttermilch" aufsaugt. Fachleute nennen die Fähigkeit, mit dem geschriebenen Wort umzugehen, „Literalität".

Seit vielen Jahren begleite ich junge Menschen dabei, den Wert dieser Fähigkeit zu entdecken und zu entfalten, indem ich ihnen Lust aufs Lesen und Schreiben mache. In der IGS Morbach hat es mir besondere Freude gemacht, dies im Rahmen des Bündnis-Projekts KULTUR MACHT STARK! unter dem Motto „Wörterwelten" zu tun.

Zum einen, weil das Projekt uns Zeit gegeben hat. Zehnmal konnten wir uns treffen, so dass die Gruppe zu einer Gemeinschaft zusammengewachsen ist, die sich was traute. Denn dann, also wenn man sich was traut, erwächst aus der Literalität manchmal Literatur, sprich: der kreative und schöpferische Umgang mit den Gesetzmäßigkeiten von Sprache und Texten.

Das ist für jeden ein Wagnis, der es probiert, denn man gibt dabei so viel von sich hinein, drückt sich aus, zeigt sich.

Die teilnehmenden Schüler*innen der IGS Morbach erfuhren so, dass sie teilhaben können an Kultur und Gesellschaft, dass ihre Meinung zählt und ihre Kreativität ernstgenommen wird. Schließlich ist sie es wert, gedruckt zu werden und in Buchform zu erscheinen.

Liebe Andreea, Emily, Emma, Finja, Ira, Lisa, Mira, Samantha, lieber Aaron G., Aaron T., Christian, Donavan, Fabian,

Finn, Ibrahim, Lukas, Mark, Marlon, Noah, Tim: Danke, dass ihr euch getraut habt und so viele so gute Geschichten und Texte ersonnen und aufgeschrieben habt. Das war stark! Ihr seid stark!

Bedanken möchte ich mich auch bei allen Bündnispartnern, die dieses kluge Projekt initiiert, finanziert und immer sehr partnerschaftlich bei der Umsetzung geholfen haben.

Dass unser gemeinsames Schreiben gelingen konnte, liebe Schüler*innen, hängt ganz wesentlich damit zusammen, dass ihr in der IGS Morbach, namentlich vertreten durch die unermüdlich engagierten Lehrerinnen Judith Peters und Isabell Schu-Schätter, in einer sehr wertschätzenden Umgebung aufgehoben seid. Zum Gelingen haben auch die sonderpädagogische Fachkraft Petra Arend und die Förderschullehrerin Helena Faust beigetragen, sowie die Tatsache, dass der Bündnischarakter von KULTUR MACHT STARK! in eurer Schule auf vielen Ebenen gelebt wird.

So konntet ihr ein Bündnis eingehen mit den Oberstufenschüler*innen eines Grundkurses und zweier Leistungskurse Deutsch, die sich mit euren Texte auseinandergesetzt haben. Ein weiteres bestand zu der Kunstlehrerin Andrea Glocke, die die Illustrationen zu den Trollen gezeichnet hat. Die Waldpädagogin Helena Stein hat euch in die Stille des Waldes hineinhören und – riechen lassen und mit Äxten, Wildschweinpfoten und Hirschgeweihen, Ahornblättern und Bucheckern überrascht.

Alle unsere Begegnungen waren aufregende und inspirierende Abenteuer. Ihr habt Trolle erfunden, die von jetzt an durch die Köpfe von Leser*innen tollen können, ihr habt das Trolllyrische entdeckt und damit den Raum der Phantasie erforscht, ihr habt Schätze gehoben und selbst welche zwischen Wörtern vergraben.

Ich wünsche den Leser*innen dieses Buches, dass sie – die Seiten umblätternd – jeden einzelnen finden.

BARBARA ZOSCHKE,
Autorenpatin für die IGS Morbach

Troll-Mindmap

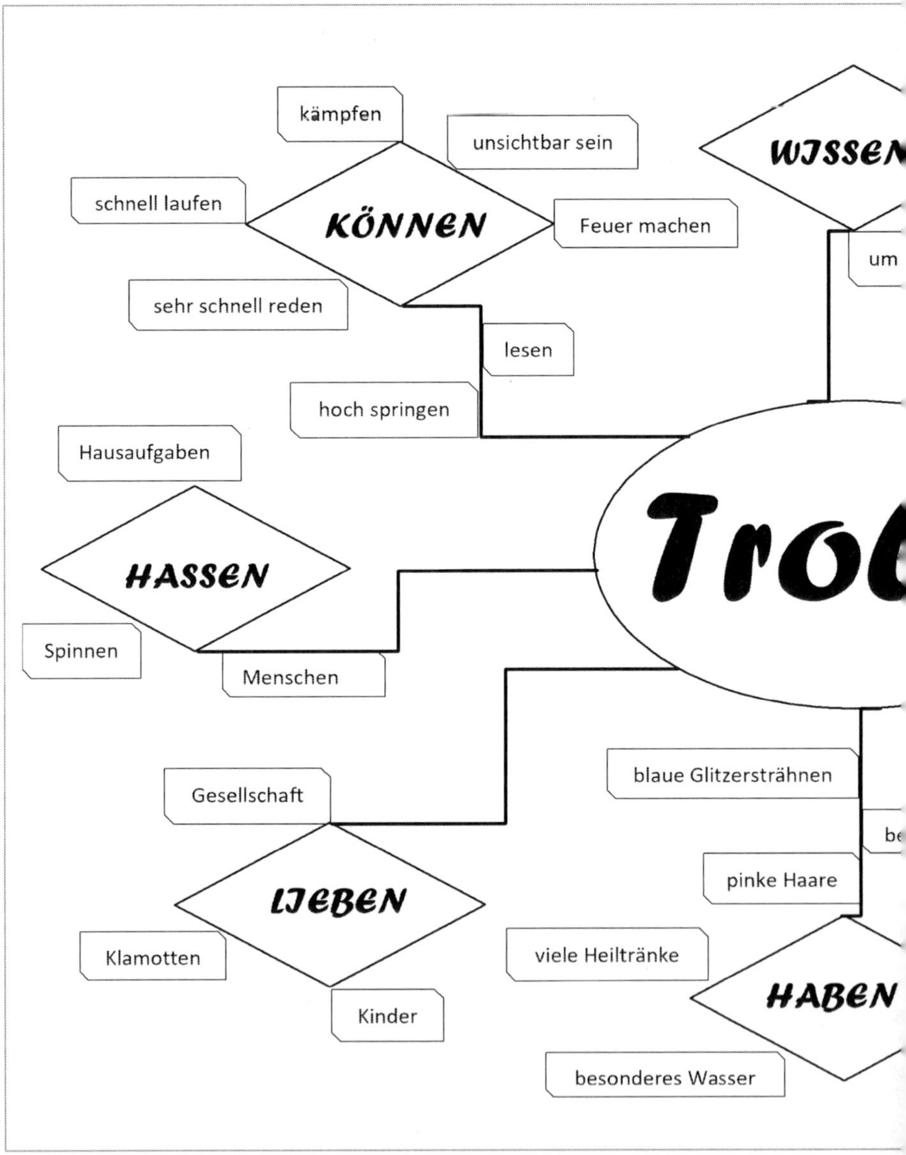

an Einhörner
wie man kocht
GLAUBEN
an Götter
an Magie
an Dämonen
Unparteiisch
Lebewesen
schüchtern
SIND
groß und klein
dumm
Fabelwesen
in Hütten
auf Burgen
auf einem Berg
im Keller
WOHNEN
im Wald
im Schulgarten
unter Brücken

Die Trolle des Buches stellen sich vor

Troll-Steckbriefe

Nach dem gemeinsamen Brainstorming über Trolle, ihr Aussehen, ihre möglichen Lebenswelten, Charaktereigenschaften und Fähigkeiten, hatte jede/r Schüler*in viele Ideen für einen ganz konkreten, nämlich ihren/seinen Troll.

Jede/r hat einen Steckbrief geschrieben. Das Programm Wordsalad hat wunderbare Wortwolken daraus gemacht. Und die Kunstlehrerin Andrea Glocke hat dazu gezeichnet.

No Name

TIM WEYAND, 13 Jahre, Weiden

Olli

IBRAHIM HALAWA, 13 Jahre, Morbach

Leo Troll

FABIAN MOSELER, 13 Jahre, Hinzerath

James

MIRA BRANDSTETTER, 13 Jahre, Thalfang

Pinkie

SAMANTHA REICHENWALLNER, 13 Jahre, Veldenz

Hannah

EMMA KAISER, 11 Jahre, Oberkleinich

PS4

LUKAS BARTH, 14 Jahre, Hellertshausen

Penelope

ANDREEA RAULS, 13 Jahre, Hoxel

Gerda

EMILY ALBRAND, 12 Jahre, Bischofsdhron

Seele der Asche

900MIOJAHRE

BLAU100KG

HAARLOS

TOD GRÜN

RÜSTUNG

BRÜCKENTROLL

SEELEDERASCHE

ULTRAGROßSCHWERT

CHRISTIAN HARTWIG, 13 Jahre, Wenigerath

Knurr

AARON TRARBACH, 12 Jahre, Horbruch

Helmut

FINN WAGNER, 12 Jahre, Morbach

TwoFace

MARLON MÜLLER, 15 Jahre, Kempfeld

Rio

FINJA KNÖFEL, 12 Jahre, Morbach

Flitzi

NOAH REITZ, 11 Jahre, Gonzerath

Lazy

IRA BECKER, 15 Jahre, Morbach

Schlehrer

Schlau

Schteinalt Schlafanzug

Schwarz

Schwänzertroll

Schuldirektor

Schule

Schlehrer Schlägertroll

Schwer Schreien

Scheinbargroß

Schulbücher

DONAVAN DE VRIES, 14 Jahre, Morbach

Melody-Angel Günter-Schmitt

AARON GEBHARDT, 12 Jahre, Hundheim

Großer Troll

LISA NIKODEMUS, 15 Jahre, Hoxel

Trolle auf Burgen, in Kellern und Ställen

Manche Schüler*innen schrieben schon, während die anderen noch an ihren Steckbriefen feilten. Es war, als hätten ihre Trolle nur darauf gewartet, herausgelassen zu werden aus ihren Burgen, Kellern und Ställen.

Der gelbe Troll

Ich ging in den Keller und sah den gelben Troll in der Ecke sitzen. Plötzlich stand er auf. Er war unglaublich groß. Ich hatte Angst.

„Hallo, Kleine“, sagte er. „Kann ich dir helfen?“

„Ich, ich …“, stammelte ich und lief nach oben. „Mama, Mama! Da ist ein Troll im Keller!“

„Es gibt keine Trolle!“

„Doch!“

„Hör auf zu diskutieren!“

„Aber ich habe ihn gesehen. Da war ein gelber Troll!“

„Geh auf dein Zimmer!“

Ich ging auf mein Zimmer und dachte nach. Ich habe den Troll doch ganz genau gesehen. Er war so riesig. Warum war er so allein? Hatte er keine Freunde? Ich beschloss, mit ihm zu reden.

Als ich runterkam saß er da und weinte.

„Was ist los?“, fragte ich ängstlich.

„Keiner mag mich, weil ich so groß bin. Alle haben Angst vor mir.“

„Ich mag dich.“

„Wirklich?" Der Troll lächelte.

Etwas schüchtern lächelte ich zurück. Vielleicht war er doch ganz nett. Ich rückte ein wenig an ihn heran.

„Was machst du denn da?", fragte der Troll erschrocken.

„Ich wollte näher zu dir, weil du doch so alleine bist."

LISA NIKODEMUS, 15, Hoxel

Wie im Märchen

James ging durch seinen Wald. Er war auf dem Weg zur Lichtung. Plötzlich sah er ein Mädchen im Sonnenlicht. Ein menschliches Mädchen. Es war etwas kleiner als er selbst, hatte lange blonde Haare und trug eine kleine Tasche über der Schulter.

James wünschte sich sofort, dass das Mädchen seine Freundin werden würde, denn er hatte solche Sehnsucht nach Menschen. James spürte, wie seine schorfige Troll-Haut anfing zu jucken. Sollte er wirklich so ein großes Glück haben und sich ausgerechnet jetzt in einen Jungen zurückverwandeln, wie es der Zauberer angekündigt hatte? James sah an sich herab und tatsächlich: seine scharlachrote Haut war normal geworden.

„Hallo. Guten Tag. Wer bist du?", fragte das Mädchen.

„Hallo, ich bin James. Und wer bist du?", antwortete James.

Das Mädchen erzählte, dass es aus dem Dorf am Waldrand käme und Lucy hieße. Sie war 13 Jahre alt und hat Blumen für ihre Großmutter gepflückt, die ganz in der Nähe wohnte. „Da muss ich jetzt auch hingehen. Möchtest du vielleicht mitkommen?", fragte Lucy.

James freute sich und ging mit Lucy zur Großmutter. Als sie den Garten betraten, wunderte sich James nicht schlecht. Denn die Oma wohnte in einem Baumhaus. Lucy ging die Leiter hoch. James folgte ihr. „Hallo Oma,", rief Lucy und klopfte an die Tür. „Bist du da?" Aber niemand öffnete.

In dem Moment spürte James ein Jucken und Kratzen. Sofort war er alarmiert, denn das war das Zeichen, dass der Zauber aufhörte. Der Zauber kam und ging, ganz wie es ihm gefiel. Was für ein schlimmer Fluch!

Im nächsten Augenblick war seine Haut wieder scharlachrot.

Lucy erschrak und schrie: „O mein Gott! Was ist mit deiner Haut passiert?"

Die Kinder kletterten die Leiter wieder hinunter und James erzählte die ganze Geschichte. Er hatte sich vor zwei Jahren im Wald verirrt und war versehentlich ins Gebiet des bösen Zauberers gekommen. Der böse Zauberer hatte ihn vor Wut darüber in einen Käfig gesperrt und hatte ihn dort ein paar Tage lang schmoren lassen.

Als der Zauberer einmal am Käfig vorbeiging, hatte James sich ein Herz gefasst und ihn gefragt: „Was wollen Sie von mir?"

Der Zauberer antwortete: „Du bist in mein Reich eingedrungen, obwohl das verboten ist. Jetzt werde ich dich zur Strafe hier verrotten lassen."

James fragte: „Gibt es keine andere Möglichkeit?"

Der Zauberer sagte: „Doch, die gibt es: Ich lasse dich frei, aber du wirst in einen Troll verzaubert werden mit scharlachroter Haut. Kein Mensch wird mehr in deiner Nähe sein wollen. Nur ab und zu wirst du für kurze Zeit ein Mensch sein können. Der Bann wird erst gebrochen, wenn ein Mädchen, das dich liebt, dich küsst."

Lucys Herz wurde ganz weich vor Liebe, als sie das hörte. Und als James anfing zu weinen, nahm sie ihn in den Arm. Sie sah ihm in die Augen und sagte: „Du musst nicht weinen. Es ist doch ganz einfach. Ich muss dich nur küssen, dann ist der Zauberbann gebrochen."

James schüttelte niedergeschlagen den Kopf. „Hast du denn nicht zugehört? Ein Kuss allein nützt nichts. Das Mädchen muss mich lieben."

Lucy lächelte. „Aber das tue ich doch!", sagte sie und gab James einen langen Kuss.

MIRA BRANDSTETTER, 13 Jahre, Thalfang

Der Überfall

Ich ging in den Keller und sah den gelben Troll in der Ecke sitzen; plötzlich sprang er hoch und kreischte laut. Er wollte die Treppe hoch verschwinden, aber das ging nicht. Die Kellertür war zu gefallen und sie ging nur von außen auf.

Jetzt war ich allein mit dem Troll im Keller eingesperrt. Was sollte ich tun? Ich überlegte fieberhaft: Entweder ich freundete mich mit dem Troll an, und wir hielten es zusammen aus, bis meine Eltern von der Arbeit wieder da waren und mich befreiten. Oder der Troll würde mich fressen. Trolle fraßen Menschenfleisch, das wusste doch jedes Kind.

Während ich mich zitternd in eine Ecke drückte, schrie der Troll am Treppenabsatz wie irre und rüttelte an der Tür. Er wollte sie aufbrechen, was ihm aber nicht gelang. Ich zog die Kapuze meines Lieblingspullis tief ins Gesicht und versuchte ruhig zu atmen.

Plötzlich spürte ich etwas Warmes und Schweres auf meiner Schulter. Dann ertönte eine tiefe Stimme: „Ich werde dir nichts tun, hab keine Angst vor mir."

Ich wagte es nicht aufzuschauen.

Der Troll fuhr fort: „Die meisten Trolle warten nur darauf, Kindern wie dir wehtun zu können. Aber so einer bin ich nicht."

Ich nickte stumm. Und schwieg. Ich wollte dem Troll glauben, aber ich hatte trotzdem große Angst davor ihn anzuschauen. Trolle sind hässlich, das weiß auch jedes Kind.

Wenig später knirschte die Haustür, und ich hörte zwei Stimmen. Das mussten Mama und Papa sein. Ich schrie: „Mama! Papa! Hier unten bin ich!"

Die Kellertür wurde geöffnet. Endlich, dachte ich, und stand auf. Da kam ein Mann die Treppe herunter. Er trug eine Maske.

Ich war wie gelähmt. Der Mann kam direkt auf mich zu, packte mich am Arm und sagte: „Du kommst mit mir!"

Ich wollte schreien, aber meine Stimme versagte. Ich bekam keinen Ton heraus. Der gelbe Troll wusste trotzdem, dass ich in großer Gefahr war. Er stürzte sich auf den Mann, um mich zu befreien, doch der Mann war schnell. Viel schneller als der plumpe Troll. Im Nu war er mit mir die Treppe hinaufgejagt und hinaus aus dem Haus gestürzt, wo er mich in einen schwarzen Van verfrachtete. Dann sprang er auf den Fahrersitz und raste los. Ich sah, wie der Troll hinten auf die Stoßstange des Autos sprang und sich mit seinen langen Armen am Auto festhielt.

An einem abgelegenen Haus hielt der Van endlich an. Obwohl der Troll und ich kein Wort miteinander gewechselt hatten, vertraute ich ihm. Seine Anwesenheit machte mich mutig und unerschrocken. Der Troll würde mir helfen, dem Mann mit der Maske zu entkommen, das wusste ich. Als die Tür des Vans geöffnet wurde, sprang ich deshalb todesmutig an dem Mann vorbei ins Gras und lief los. Ich sah mich nicht um. Ich lief einfach weiter und hörte Schreie und hoffte, es wären die Schreie des Mannes.

Ich rannte die ganze weite Strecke bis nach Hause. Als ich unsere blaue Haustür sah, hätte ich weinen können vor Freude. Ich stürzte auf die Tür zu und klingelte Sturm. Nach einer gefühlten Ewigkeit, riss meine Mutter die Tür auf und fiel mir um den Hals. Sie hatte geweint und weinte immer noch, als sie mich fragte: „Wo warst du denn nur. Wir haben uns schreckliche Sorgen gemacht."

Als sie mich endlich losließ, sagte ich lieber nichts von dem Mann mit der Maske. Ich behauptete, bei einem Freund gewesen zu sein und es einfach vergessen zu haben, ihr Bescheid zu sagen oder einen Zettel zu schreiben. Meine Mutter war so froh, dass mir nichts passiert war, dass ich einfach auf mein Zimmer gehen konnte.

Und da lag der Troll. Groß und dick und gelb lag er in meinem Bett unter der Decke. Er war überhaupt nicht hässlich, sondern ziemlich süß. Ich war so müde, dass ich neben ihn kroch und sofort einschlief.

Am nächsten Morgen, als ich aufwachte, sah er mich an. „Schläfst du immer so lange?"

Ich kicherte. „Wie heißt du überhaupt?"

„Louis."

„Ich heiße Mara", entgegnete ich.

Wir gingen zusammen in die Küche, um zu frühstücken. Meine Eltern waren um diese Uhrzeit längst arbeiten. Vor dem Kühlschrank stehend, fragte ich Louis, was er essen wollte. Aber ich bekam keine Antwort. Dafür hörte ich Geräusche aus dem Keller. Ich folgte den Geräuschen und fand Louis, der etwas zu suchen schien. „Meine Tasche", erklärte er. „Ich brauche sie. Da ist alles drin, auch mein Essen."

Wir suchten eine halbe Ewigkeit nach Louis Tasche und als wir sie endlich gefunden hatten, hatte ich selbst so großen Hunger, dass ich schnell in die Küche zurückrannte und eine große Schale Müsli vertilgte. Ich war so ins Essen vertieft, dass ich an nichts Anderes denken konnte. Erst als ich die leere Schale und den schmutzigen Löffel in die Spüle gelegt hatte, kehrte ich zurück in den Keller. Aber Louis war nicht mehr da. Ich suchte das ganze Haus nach ihm ab, aber Louis war einfach verschwunden. Weg.

Wir sahen uns nie wieder.

IRA BECKER, 15 Jahre, Morbach

Die Ohnmacht

Ich ging in den Keller und sah einen braunen Troll in der Ecke sitzen. Schnell drehte ich mich um, rannte die Treppe hoch und schlug die Tür zu. Gerade noch rechtzeitig, denn ich hörte den Troll dagegen anrennen. Wieder und wieder.

Ich sagte einer Wache Bescheid, dass ein Troll ausgebrochen ist. Die Wache schlug Alarm und wenig später kamen weitere Wachen angerückt. Sie gingen in den Keller. Vorsichtig sah ich ihnen nach. Der Troll schlug die erste Wache einfach weg und sie sackte leblos zusammen. Das Schwert fiel klirrend zu Boden. Die anderen Wachen sprangen die Treppe hoch, zogen mich aus der Tür und schlugen sie schnell wieder zu.

Am nächsten Tag sollte ich schon wieder den Gefangenen das Essen bringen. In der Zwischenzeit hatte eine Hundertschaft an Wachen den Troll fixiert. Ich war einigermaßen beruhigt. Auf dem Boden des Kellerverlies' waren überall grüne Flecken. Ich ging weiter runter und verteilte das Essen an die Gefangenen. In der letzten Zelle saß der gefährliche Troll unter einem Schild, in das sein Name eingeritzt war. Er hieß „Knurr". Er war extra gesichert mit Ketten, die an den Händen und Füßen befestigt waren.

Als ich meine Arbeit erledigt hatte und gerade wieder oben angekommen war, ertönte ein lautes Krachen. Die Alarmglocken schrillten. Das sichere Zeichen für einen Angriff von außen. Und tatsächlich! Draußen auf der Mauer bewaffneten sich die Soldaten. Das Tor zitterte unter Schlägen und Hieben. Es war bereits beschädigt und sah aus, als würde es jeden Moment zersplittern. Die Angreifer mussten einen Rammbock haben!

Jetzt begann auch noch die Luft über uns zu schwirren. Ich sah in den Himmel. Unzählbar viele Pfeile flogen durch die Luft. Schnell duckte ich mich, und ein Pfeil zischte direkt über meinen Kopf hinweg.

Die Angreifer hatten das Tor mittlerweile zerstört. Der erste brach hindurch. Es war ein Troll! Das war unser Untergang. Obwohl ich wusste, dass ich keine Chance gegen einen Troll haben würde, zog ich mein Schwert. Und da stand auch schon ein Troll vor mir. Er hob seine riesige Hand und ließ das Schwert auf mich herabsausen. Schnell sprang ich zur Seite und knallte gegen die Wand. Mir wurde schwarz vor Augen …

Ich wachte in einem Bett auf und hörte Schmerzensschreie. Überall lagen Soldaten mit Verletzungen. Obwohl mein Schädel brummte, ging ich raus. Ich sah ein kaputtes Tor, eine eingerissene Mauer, einen umgestürzten Turm und Soldaten, die tote Trolle verbrannten.

Plötzlich stand ein Zwerg vor mir und fragte: „Warum hast du das Krankenhaus verlassen?"

„Warum sind hier Zwerge?", fragte ich zurück.

„Wir haben euch im Kampf geholfen, während du ohnmächtig warst."

*

Der König trat auf den Balkon und sprach zu seinem Volk: „Die Trolle haben uns den Krieg erklärt. Deshalb müssen wir zurückschlagen, solange sie nicht damit rechnen. Alle kriegstauglichen Männer mögen sich melden."

Ich stellte mich in einer langen Schlange an, um mich als Soldat zu melden. Als ich an der Reihe war, fragte mich ein Soldat mit grimmiger Stimme: „Name?"

„Alex Shaw!"

Ein zweiter Soldat schrieb meinen Namen auf und befahl: „Hol dir ein Schild und ein Schwert vom Waffenhalter."

Nach einem kurzen Training marschierte ich mit der Armee in Richtung Troll-Land. Ich wurde der linken Flanke zugeteilt. Unsere Aufgabe war es, die Trolle einzukesseln und in die Enge zu treiben, damit wir sie niedermetzeln könnten.

Als wir das erste Troll-Lager erreichten, rannten wir durch ein Feld mit großen unbekannten Pflanzen. Plötzlich brüllte der Feldherr: „Achtung! Sie kommen von der Seite!"

Und da stand auch schon ein Troll vor mir und hob seinen Hammer. Schnell machte ich einen Satz nach vorne und stach mit meinem Schwert zu. Der Troll taumelte zurück, fiel aber nicht um, sondern schlug mit seinem Hammer zu. Ich wehrte den Schlag mit meinem Schild ab. Ich sprang nach vorne und bohrte mein Schwert ins Herz des Trolls. Er fiel um. Grünes Blut floss aus der Wunde.

Scheinbar hatte jeder von uns wenigstens einen Troll erledigt, denn ich hörte die überlebenden Trolle rufen: „Rückzug!" Dann flohen sie in alle Richtungen.

Nach der Schlacht marschierten wir weiter in Richtung Norden, wo sich angeblich eine Troll-Burg befinden sollte.

Die Burg hatte eine große Mauer. Die riesigen Türme reichten bis in die Wolken, und das Tor war zur Verstärkung mit Eisen übergossen.

Unser Feldherr befahl trotzdem den Angriff. Als wir losrannten, prasselte ein Regen aus Pfeilen auf uns herab. Einigen von uns gelang es dennoch, bis zur Mauer durchzudringen. Wir schlugen Steighaken in die Mauer und klettern sie hinauf. Auch ich kletterte hinauf.

Kaum war ich oben angekommen, sprang ein schwer bewaffneter Troll auf mich. Der Kampf musste beginnen. Als ich mein Schwert hob, um den ersten Schlag damit abzuwehren,

schaute ich hoch. Und sah ihn! Auf einem der hoch gelegenen Balkone stand er: Knurr! Gegen ihn würden wir niemals gewinnen …
Es ist vorbei. Wir werden alle sterben. Ich werde sterben!

*

Als die Alarmglocken erneut schrillten, schreckte ich hoch. Ein Troll sah auf mich herab und brüllte: „Du verpasst noch den Bus zur Schule“.
Ich verstand nicht. Bus? Schule?
Der Troll stampfte wütend weg, drehte sich aber noch einmal zu mir um. Da erkannte ich meine Mutter. Und verstand. Im Aufstehen beschloss ich: Nach der Schule würde ich meinen Traum aufschreiben.

AARON TRARBACH, 12 Jahre, Horbruch

Die Helfer-Troll-Schule

Ich ging in den Keller und sah einen pinken Troll. Er sprach zu mir: „Wollen wir Freunde sein?“

Ich erschrak und sagte: „Ja, sehr gerne!“

Der Troll stellte sich vor: „Ich bin ein Hausaufgabentroll. Und mein Name ist Hannah.“

„Ich bin Emma“, antwortete ich mit leiser Stimme.

Hannah rief: „Komm, wir gehen in den Wald. Da lebe ich. Du sollst meine Freunde kennenlernen.“

Als wir im Wald angekommen waren, waren alle Trolle weg. Hannah rief laut: „Kommt raus, das Mädchen tut euch nichts. Es ist meine Freundin Emma."

Da kamen die Trolle neugierig aus ihren Verstecken.

Als es dunkel wurde, musste ich Heim gehen. Aber morgen könnte ich wiederkommen. Dann würden die Trolle mich mit in ihre Schule nehmen. Darauf freute ich mich sehr, denn ich wusste, dass man in der Troll-Schule sehr viel lachen durfte.

Die Troll-Schüler sitzen auf selbstgebauten Stühlen aus Ästen. Sie haben andere Fächer als Menschenkinder. Die Fächer heißen zum Beispiel: Feinde, Spaßturnen, Spielmathe, Klassenspiel und Bücheressen.

Als ich an diesem Tag nach Hause kam, fragte meine Mutter: „Wo warst du denn so lange?"

Ich antwortete: „Ich war im Wald spazieren." Dann ging ich in mein Zimmer und freute mich weiter auf morgen.

EMMA KAISER, 11 Jahre, Oberkleinich

Hilfe für Weißkopf

An einem Montagabend wollte ich rausgehen zu meinen Zwergkaninchen. Dort sah ich einen Tierhelfertroll im Nest. Der half gerade einem Zwergkaninchenbaby, dem ein halbes Ohr fehlte. Es war bei der Geburt abgerissen. Der Tierhelfertroll hielt seinen Finger an das Ohr des Tieres, wodurch das Ohr wieder vollständig nachwuchs. Er drehte sich zu mir um und sagte: „Ich komme morgen wieder." Dann verschwand er durch ein lila Portal.

Ich hob das Zwergkaninchen auf und schaute mir das Ohr genauer an. Es war geflickt und beweglich. Glücklich ging ich ins Haus und schlief ein.

Am nächsten Morgen ging ich sofort wieder raus und ließ alle meine Zwergkaninchen ins Freilaufgehege. Sie heißen übrigens: Paul, Lala, Blitzi, Pummelschwanz und Weißkopf. Ich ging zum Stall und betrachtete das Nest aus Heu und Fell. Da saß der Tierhelfertroll, wie er es versprochen hatte. Er sagte: „Ich habe dir geholfen, weil du dir am Sonntagabend gewünscht hast, dass Weißkopf gesundwerden soll."

Ich bedankte mich und der Tierhelfertroll verschwand.

NOAH REITZ, 11 Jahre, Gonzerath

Die traurige Fett-Trollin

Melody-Angel Günter-Schmitt, die kleine Fett-Trollin, war ganz alleine auf der Welt. Ihre Eltern hatten sie aus einem fahrenden Auto geworfen, weil sie keine Kinder haben wollten. Daraufhin beschloss Melody-Angel Günter-Schmitt, dass sie alle Menschen und alle Trolle hassen würde.

Rache an ihren Eltern zu nehmen, war ihr Ziel.

Danach würde sie auf eine kleine Insel ziehen, um ungestört und fern von allen anderen Lebewesen zu essen. Essen bedeutete ihr sehr viel, denn als ihre Eltern sie aus dem Auto geworfen hatten, fand sie als allererstes Pizzareste, die zwar bereits ein paar Tage abgelaufen waren, aber sie schmeckten der hungrigen Melody-Angel – abgelaufenes Essen kann einem Troll schließlich nicht schaden. Seit diesem Augenblick wusste sie, dass sie nur mit Essen glücklich werden konnte – und mit nichts Anderem auf der Welt.

Melody-Angel suchte sich einen Unterschlupf und fand ihn in einem Döner-Laden, dort gab es sehr viel Essen und das gefiel ihr. Heimlich stahl sie Essen, was den Ladenbesitzer vor Rätsel stellte. Dann fand er schließlich heraus, dass ein Troll in seinem Laden lebte. Aus Angst, ihren Zufluchtsort zu verlieren, blieb Melody-Angel nichts Anderes übrig, als den Ladenbesitzer gefangen zu nehmen. Sie fesselte ihn und versteckte ihn in der Mülltonne. Täglich brachte sie ihm Reste und etwas zu trinken. Damit nicht auffiel, dass der Ladenbesitzer fehlte, zog Melody-Angel seine Uniform an und trug eine Maske, die genauso aussah wie das Gesicht des Mannes. Niemand merkte den Unterschied.

Am nächsten Tag machte der Mann der Trollin einen Vorschlag. Er sagte: „Bitte lass mich frei! Du darfst auch immer bei mir bleiben und die Reste essen!" Melody-Angel, die Angst hatte, dass irgendwann herauskommen würde, dass sie den Ladenbesitzer gefangen hielt, ließ ihn frei.

Doch der Ladenbesitzer hielt sein Versprechen nicht und schmiss sie einfach hinaus. Sie war schon wieder auf der Straße und war sehr traurig. Doch dann kam ein älterer Mann und sah die kleine Fett-Trollin. Er musste an seine Kindheit denken, denn damals hatte er einen Troll-Freund gehabt, der keine Eltern hatte. Sie hatten viel Zeit zusammen verbracht, bis ein furchtbarer Unfall den Troll aus dem Leben riss.

Als der Mann nun Melody-Angel mit ihrem bunten Haar sah, kam seine Erinnerung zurück, und er fragte sie: „Hey, kleine Trollin, was ist mit dir?"

Melody-Angel Günter-Schmitt flüsterte unter Tränen: „Geh weg, ich hasse Menschen!"

Der alte Mann blieb: „Aber warum denn?“

Melody erzählte, was passiert war. Der alte Mann nickte verständnisvoll und sagte: „Aber es gibt auch liebe Menschen und Trolle! Komm doch mit zu mir nach Hause! Es ist schön warm, und du kannst so viel essen wie du möchtest!“.

Melody zögerte, doch dann ging sie mit. Die Jahre vergingen, und die beiden wurden richtig gute Freunde. Die Trollin beschloss, keine Rache mehr nehmen zu wollen, denn sie war glücklich.

AARON GEBHARDT, 12 Jahre, Hundheim

Kurzprosa

„Was wäre, wenn …“

Ich weiß nicht, ob Donavan sich die Frage „Was wäre, wenn ich ein Troll wäre?“ ernsthaft gestellt hat, bevor er die Antwort darauf im Troll-Casino formulierte. Aber ich weiß, dass die Frage „Was wäre, wenn …?“ fast jeden auf Ideen für eigene Geschichten bringt. Ich habe die Frage den Schüler*innen gestellt und ihre Antworten sofort ins Manuskript getippt.

Ohne Überschrift

Wenn ich ein Troll wäre, würde ich mich umbringen, weil ich kein Troll sein möchte. Trolle sind nämlich hässlich und haben nichts zu tun. Das war's eigentlich.

EMILY ALBRAND, 12 Jahre, Bischofsdhron

Draußen

Wenn ich ein Troll wäre, würde ich ganz oft draußen sein und Tieren helfen. Meine Lieblingstiere wären Wölfe. Die arbeiten im Rudel gut zusammen und sind auch gar nicht so gefährlich, wie immer alle denken. Wenn ich ein Troll wäre, hätte ich einen Wolf als Weggefährten. Ich könnte genauso schnell laufen wie er. Ich würde ihm auch einen Namen geben, wenn es ein Männchen wäre, vielleicht Leon.

Ich wäre Teil seines Rudels und würde verletzten oder kranken Tieren helfen.

Vielleicht mache ich das auch später als Beruf: Tieren helfen. Auf jeden Fall will ich nicht in einem Büro arbeiten, sondern bei der Arbeit draußen sein und etwas mit den Händen tun.

MIRA BRANDSTETTER, 13 Jahre, Thalfang

Wo ist mein Heizöl?

Wenn ich ein Troll wäre, würde ich im Keller leben. Dort würde ich mir ein Zimmer bauen, das aussieht wie eine Höhle. Dort würde ich leben.

Ich esse, was ich finde. Ich trinke Heizöl. Leider würde es eines Tages kein Heizöl mehr geben, das wäre eine lebensbedrohliche Situation. Ich müsste mir einen neuen Keller suchen. Schade.

MARK LANGNER, 14 Jahre, Morbach

Feinde

Wenn ich ein Troll wäre, würde ich unter der Erde leben und Leute verhexen. Vor allem meine Feinde, die Menschen. Die gehen mir richtig auf den Senkel, weil ich Menschen hasse. Sie lesen. Sie fangen Trolle. Sie sind gemein. Sie reden.

FINJA KNÖFEL, 12 Jahre, Morbach

Ein Hobby in echt

Wenn ich ein Troll wäre, würde ich jetzt schlafen und nicht in der Bibliothek hocken. Ich würde lieber zu Hause sein und irgendetwas anderes draußen machen. Zum Beispiel mich mit Freunden treffen. Mit Freunden treffen geht immer, denn da kann man auch mal chillen. Chillen bedeutet schlafen und so. Oder zocken. Ich zocke gern LS 17 (Landwirtschaftssimulator 17). Da macht man am Computer das, was man real in der Landwirtschaft macht, zum Beispiel pflügen, säen, grubbern, Mist streuen.

Es geht bei dem Spiel darum, möglichst viel Geld zu verdienen und bessere Maschinen zu kaufen. Das interessiert mich, weil das auch das Hobby von meinem Vater ist. Er hat zwei Hallen, in der einen stehen Maschinen, Heu und Stroh und in der anderen steht das Vieh. Und zwar Limousin-Rinder. Die sind hellbraun. Im Moment stehen 30 drinnen und 20 draußen. Die drinnen werden von einem Bullen gedeckt. Die anderen sind noch zu jung dafür.

Im Moment hat mein Vater Spätschicht, da füttere ich. Ich nehme mir eine Gabel und schaufele den Rindern das Futter bei. Vielleicht wird Landwirtschaft auch mein Hobby in echt, wenn ich erwachsen bin.

Gestern hatte mein Vater Geburtstag. Ich bin lange wach geblieben, um ihm zu gratulieren und ein bisschen mitzufeiern. Deshalb bin ich heute so müde.

FABIAN MOSELER, 13 Jahre, Hinzerath

Troll-Casino

Wenn ich ein Troll wäre, würde ich ein Troll-Casino aufmachen, wo alles erlaubt wäre und wo man so viel machen kann, wie man Lust hat und es gäbe eine VIP-Lounge, wo nur starke und coole Trolle reindürften und es gäbe einen Automaten, an dem man sein ganzes Leben verwetten könnte. Wer sein Leben verwettet hat, ist nicht mehr frei und muss für mich arbeiten.

DONAVAN DE VRIES, 14 Jahre, Morbach

Troll-Traum I

Wenn ich ein Troll wäre, würde ich nicht in die Schule gehen. Ich würde PS4 spielen und lange ausschlafen. Dann würde ich essen. Dann würde ich rausgehen und Fußball und mit den Tieren spielen.

LUKAS BARTH, 14 Jahre, Hellertshausen

Troll-Traum II

Morgens in der Schule war es viel zu langweilig. Ich dachte: wäre doch total cool, wenn es Trolle und andere Fabelwesen gäbe. Zum Beispiel Drachen und Einhörner und so.

Ich wünschte mich dorthin, wo es diese Tiere gab. Wir hatten schließlich Musik. Und plötzlich reiste ich wohin, ich wusste nicht wohin. Es war ein Land oder eine Welt mit wirklich vielen Fabelwesen, die konnte man sich kaum vorstellen.

NOAH REITZ, 11 Jahre, Gonzerath

Drei Briefe an drei Trolle

Brief 1
Lieber Papa, wenn du ein Troll wärst, würdest du dann wieder mit mir zusammenleben wollen? Wenn nein: warum nicht? Wenn ja: warum? Ich hoffe, es geht dir gut und ich liebe dich.

Brief 2
Liebe X, wenn du ein Troll wärest, würde ich dich auslachen, weil du so unglaublich hässlich wärest. Ich hoffe, du hättest richtig viele Warzen und du würdest nie einen Freund finden. Du würdest in einem Keller von einem Blockhaus verrecken. Viel Spaß noch.

Brief 3
Hallo Y, wenn du ein Troll wärest, wärest du fett. Sehr fett. Und hässlich. Sehr hässlich. Ich würde dich einsperren in ei-

nem Keller voller Dämonen, die dir Angst einjagen, bis du stirbst. Zu deiner Beerdigung würde niemand kommen.

ANONYM, zusammen 40 Jahre, Morbach

Freie Texte

Der Feuerbandschrein

Der Ork Chaos wachte in einer Zelle auf, die sich nicht öffnen ließ. Der Ork sah keinen Weg aus der Zelle und wusste nicht, was er tun sollte. Das einzige, an das er sich erinnern konnte, war, dass er einmal ein Ritter war. Er war verzweifelt.

Über ihm hing eine Person. Als Ork zu ihr aufschaute, warf sie ihm eine Leiche herunter. Chaos durchsuchte sie und fand einen Schlüssel. Schnell schloss er die Zelle auf und rannte hinaus. Er war so glücklich, endlich draußen zu sein.

Nach einiger Zeit entdeckte er ein Feuer, darin steckte ein Schwert. Er rastete eine Weile an dem Feuer und blickte müde hinein. Plötzlich erlosch das Feuer und statt seiner öffnete sich eine große Tür. Chaos ging hindurch und stand in einem großen dunklen Raum. Nachdem sich die Tür hinter ihm geschlossen hatte, wurde es hell. Der Raum mündete in einen langen Gang, dessen Ende Chaos nicht sehen konnte. Auf dem Boden lagen eine Rüstung und Waffen. Chaos legte die Rüstung an, nahm sich die Waffen und ging los.

Nach einem langen Marsch durch den Gang, der nur von kleinen Kerzen beleuchtet war, kam Chaos ans Ende des Ganges und dort an eine Tür. Er versuchte sie zu öffnen. Aber sie war verschlossen. Was sich dahinter befand, wusste niemand …

CHRISTIAN HARTWIG, 13 Jahre, Wenigerath

Eine andere Idee

Im Zeitalter der Altvorderen wurde die Welt – ein Land grauer Klippen, riesiger Bäume und immerwährender Drachen – entformt und in Nebel gehüllt … Doch dann kam das Feuer, und mit dem Feuer entstanden die Kontraste Hitze und Kälte, Leben und Tod, Licht und Finsternis.

In der Finsternis fanden die Seelen der Fürsten in der Flamme zueinander: Nito, der erste der Toten … Die Hexe von Izalith und ihre Töchter des Chaos … Gwyn, der Fürst des Sonnenlichts und seine treuen Ritter … Und der verstohlene Zwerg, der so leicht zu übersehen war …

Sie alle forderten mit der Stärke der Fürsten die Drachen heraus. Gwyns mächtige Blitze schälten ihre Panzer ab. Die Hexen schickten gewaltige Feuerstürme. Nito entfesselte Tod und Verderben. Und Seath der Schuppenlose hinterging die Seinen. Die Drachen waren hinfort.

Dann begann das Zeitalter des Feuers.

Doch schon bald sollten die Flammen ersterben und es würde Finsternis sein, denn übrig wäre nur die Glut …

CHRISTIAN HARTWIG, 13 Jahre, Wenigerath

Falscher Urlaub

Als ich endlich in den Bus zum Flughafen stieg, wusste ich: Ich hatte es geschafft! Meine schreckliche Familie würde mich so schnell nicht wiedersehen. Great Britain – here I come!

Ich freute mich so sehr auf das Konzert meines Lieblingssängers Dan Sherry. Auf die Tower Bridge und auf London. Meine Eltern, den Streit, meine nervigen Geschwister konnte ich erstmal vergessen.

Nach der Landung wartete ich auf meinen Koffer und dachte an Dan. Vielleicht würde ich ihm begegnen. Wow. Das wäre cool. Ob er mich mögen würde?

Verträumt sah ich meinem Koffer auf dem Gepäckband hinterher, ohne ihn zu erkennen. Bevor er die nächste Runde drehen würde, stolperte ich endlich vorwärts und hob ihn herunter.

Dann folgte ich den anderen zum Bus, der uns in die Innenstadt zum Hotel bringen würde. Alles war neu, alles war anders. Ich fühlte mich unsicher und guckte wohl ziemlich ängstlich, denn ein Mann fragte mich, ob er mir helfen könnte.

Aber da hatten die anderen den Bus gefunden, und ich stieg schnell hinter ihnen ein.

Am Hotel angekommen war ich so müde, dass ich nur noch schnell auf mein Zimmer wollte. Es war groß, und das Bett war bequem. Ich fiel sofort hinein und schlief bis zum nächsten Morgen.

Obwohl es ein tolles Frühstücks-Buffet gab, ging ich sofort los. Ich wollte die Tower-Bridge endlich mit eigenen Augen sehen.

Ich kannte mich natürlich überhaupt nicht aus in London, aber ich würde die berühmte Brücke schon finden. Bestimmt gab es Schilder, dachte ich. Aber leider verlief ich mich hoffnungslos. Wieder sah man mir die Angst wohl an, denn erneut half mir ein freundlicher Herr. Er erklärte mir den Weg so gut, dass ich die Brücke mühelos fand. Ich staunte: So groß und hoch hatte ich sie mir nicht vorgestellt. Und wie viele Autos darüberfuhren!

Plötzlich wurde ich herumgerissen. Ich taumelte und wäre fast hingefallen. Was war geschehen? Da begriff ich: Man hatte mir die Handtasche gestohlen. Vor Schreck konnte ich mich nicht bewegen. Ich konnte noch nicht einmal schreien. Und was hätte es auch genutzt? Der Dieb rannte im Zickzack so schnell durch die Menschenmenge; ich würde ihn niemals einholen können.

Ich sackte zusammen und fing an zu weinen. In der Handtasche war alles: die Hotelschlüssel, mein ganzes erspartes Geld, das Flugticket. Als mir kalt wurde, stand ich auf und ging blindlings los. Schließlich wusste ich überhaupt nicht mehr, wo ich war. Außerdem war ich in einer Sackgasse gelandet. Erschöpft rutschte ich an einer Hauswand zu Boden und legte den Kopf auf die Knie. Irgendwann schlief ich ein.

Ich wachte vor Kälte und Hunger auf. Ich zitterte und wusste nicht, was ich machen sollte. Ich fing wieder an zu weinen. Da berührte mich etwas an der Schulter. Ich zuckte zusammen und sah auf. Da stand Dan vor mir. „He, was ist denn mit dir los?“, fragte er besorgt.

Ich erklärte ihm, was passiert war, und er versprach mir zu helfen. „Du brauchst keine Angst zu haben. Ich bin Dan. Wie heißt du?“

„Bella.“ Dan führte mich zu seinem Auto. Ich stieg ein, er fuhr los und begann zu telefonieren. Ich verstand nicht, was er sagte, weil er so schnell auf Englisch sprach. Musste ich jetzt etwa wieder nach Hause?

Nach einer halben Stunde Fahrt, hielt Dan vor einem großen dunklen Gebäude, das aussah wie ein Amt. Wir gingen hinein und Dan bat mich, auf einer Bank zu warten, während er in einem der vielen Zimmer verschwand.

Als er wieder herauskam, lächelte er: „Wir haben alles geregelt, deine Eltern wissen Bescheid, wo du bist und du kommst jetzt erstmal mit zu uns. Wir kümmern uns um dich." Ich konnte mein Glück nicht fassen. Dan schaute mich verwundert an, weil ich von einem Ohr bis zum anderen grinste.

*

Dan führte mich zu meinem Zimmer. Wow! War das groß! Mindestens so groß wie unser Wohnzimmer in Deutschland. Das Bett hatte einen Himmel aus weißem Tüll, die Bettwäsche war auch weiß, der Teppich darunter pink und flauschig.

Dan ging zu einem Kleiderschrank und öffnete ihn. Er zog einen roten Pullover heraus und gab ihn mir. „Hier", sagte er. „Den kannst du erstmal anziehen, damit dir warm wird."

„Dan?", rief da eine helle Frauenstimme. „Kommst du jetzt essen?"

Dan grinste und zog mich mit sich ins Esszimmer. An einem prächtig gedeckten Tisch mit weißen Tellern, goldenem Besteck und blauen Servietten, saß eine blonde Frau. Als sie mich sah, zog sie die Augenbrauen hoch. „Wer bist du denn?"

„Ich … Ich …", stotterte ich.

Dan legte mir eine Hand auf die Schulter und schob mich weiter. „Das ist Bella. Sie bleibt eine Weile bei uns."

Die Frau sprang auf. „Was soll das, Dan? Wir wollten doch kein Kind adoptieren, sondern selbst eins bekommen."

„Aber Leyla, das können wir doch immer noch. Bella hatte sich verlaufen und außerdem kann sie sich ja um unser Baby kümmern, wenn es erstmal da ist."

Ich machte auf dem Absatz kehrt, lief in mein Zimmer und warf mich dort aufs Bett. So hatte ich mir das nicht vorgestellt. Diese Leyla wollte sie gar nicht hierhaben und Dan suchte offensichtlich eine billige Babysitterin. Ich schlich zur Tür. Dabei hörte ich die Erwachsenen in der Küche streiten. Dan sagte immer wieder: „Die arme Bella. Sie ist hier ganz allein. Wie kannst du nur so herzlos sein."

Aber Leyla schrie ihn an: „Du kennst das Mädchen gar nicht. Wer weiß, was sie für eine ist ..." Weiter hörte ich nicht mehr zu. Hier war es fast so schlimm wie zu Hause. Hier würde ich garantiert nicht bleiben.

Wenn Dan in mein Zimmer käme, um mich zu trösten, wäre ich schon verschwunden.

LISA NIKODEMUS, 15 Jahre, Hoxel

Waldtag I

Als Songline bezeichneten die indigenen (eingeborenen) Völker Nord-Amerikas Wegbeschreibungen, die in den Geschichten vorkamen, die sich die Alten und Weisen am Feuer erzählten. Die jungen Indianer*innen hörten die bildreichen Beschreibungen so oft, dass sie den Weg zu einer Quelle oder einem Rastplatz der Büffel finden konnten, ohne dass sie ihn jemals zuvor selbst gegangen waren.

Wir stellen uns vor, dass es bei Jungtrollen und ihren Familien ähnlich sein muss.

Denn sie leben und lebten schließlich in Wäldern, unter Brücken, auf Burgen und Müllkippen (siehe Steckbriefe), in und auf denen es bestimmt keine Schilder und Wegweiser gab. Und wenn doch, können sie sie vermutlich nicht lesen.

Wir verbringen einen Tag mit Försterin und Waldpädagogin Helena Stein im Wald, um das geheime Leben der Trolle zu erforschen. Helena Stein lässt die Schüler*innen Waldfrüchte aus einem Beutel „ziehen“. So bilden sich zwei Gruppen: die der Haselnüsse und die der Eicheln.

Jede Gruppe versteckt nun einen Schatz – ein Hirschgeweih und eine Axt – im Wald und schreibt für die jeweils andere Gruppe eine Songline mit möglichst eindeutigen und bildreichen Beschreibungen von auffälligen Wegmarken. Denn nur so werden die anderen den Schatz finden können.

Folge der Songline der Haselnüsse und finde das Hirschgeweih

Gehe durch den Mini-Urwald bergauf. Wende dich im Wald der hochhängenden Gabeln der Wegkreuzung zu und gehe bis dorthin. Folge nun dem grünen Teppich bis zur Baumstumpfgruppe und weiter bis zur Wegkreuzung. Zwischen Kornel-Kirsche und dem gemeinen Schneeball siehst du eine Baummauer. Suche dir einen Weg hindurch. Wenn du das Totholz erblickst, wende den Blick Richtung Lichtung. Folge dem Licht bis du vor dem Penis des Elefanten stehst. Grabe unter ihm nach dem Schatz.

Folge der Songline der Eicheln und finde die Axt

Der Weg sieht aus wie ein Fluss und führt zur verbotenen Holztreppe. Wenn ihr bei der verbotenen Treppe seid, geht zwischen dem Vogel- und dem Herz-Baum hindurch. Erblickt den Baum mit dem Tüllkleid, der einsam auf der Wiese steht. Wandelt auf dem Weg, der von lila Süßigkeiten gesäumt ist, dort haben Trolle eine Rutsche gebaut. Bevor ihr um die Ecke am Torhüter des Moores vorbeigeht, kehrt um, damit euch der Moordrache nicht verschlingt. Wieder am Flussufer, seht ihr perlengeschmückte Äste. Unter den Adlerschwingen, bewacht von Drachenzähnen, findet ihr den Schatz.

Lyrik I

Trolllyrisch

Trolle sprechen wilde Sprachen. Sie sprechen aus dem Bauch heraus. Wir nennen es Trolllyrisch.

Wenn man mit dem Herzen hinhört, kann man mehr verstehen, als die Summe der Wörter bedeutet. So funktionieren Gedichte. Das ist Lyrik.

Um Trolllyrisch zu lernen, schneiden wir Wörter aus Überschriften in Zeitungen und Zeitschriften aus und sortieren sie nach Wortarten. Jede/r darf sich so viele Wörter nehmen, wie sie/er will und sie zu Zeilen oder Sätzen zusammenlegen. Wir schieben lange hin und her, bis wir uns für bestimmte Sätze und Zeilen entscheiden.

Neue Google-Seite

Google Airport geht hoch.
Sport-Welt Geschäft.
Team Teufel Haus Joint FC-Wunder.
Vorschau schönste Mode
Einmal sterben ist gut.
Ich gewinne eine Burg.
Nicht zu viel Stahl, sonst immer Tod.

Der Afrikasport Tötung nervt.
  Du jetzt Mist

TIM WEYAND, 13 Jahre, Weiden

Die Wörter

Hilft bekommt neue bezwingen
Musst kleine Buch große sind
Ich wird mehr Mach
Glück Tanz ist Tolle
Läuft zwingen? Weiter
Miete zahlen sind groß

ANONYM

Silvester

Deutschland Silveser Schaden Abermillionen
Menschen von Köln in Brennender Buchhandlung
Schlapp Fashion
Schlüsseldienst
Alarm Liebeskind Hering
Jahre Rache Chinas für das Vaterland
Original Sauerländer Wintersport

LUKAS BARTH, 14 Jahre, Morbach

Der Titel

Gefährlich schnell am Schlagerhimmel
Ed Sheeran ist Vorbild
Warum benutzt Konflikte
Gemütlich Blick knallt
Viele Stimmung zwischen
Inhalt
Du beschützt.

LISA NIKODEMUS, 15 Jahre, Hoxel

Versöhnungs-Show

Die Fledermaus Hüter
Man entschuldigen sich
Die Geduld Großer
Lust sind, Art
Gemeinsam sind wir

ANDREEA RAULS, 13 Jahre, Hoxel

Erfinders

Nicht sehr schnell packen mit
Baby Rock
Stars für Mädchen auf

Streichelzoo Kreationen
Wow lebe in
Cool fürchten
Lach kurz ab Merci
Form an Vorzeigeschüler Streber

SAMANTHA REICHENWALLNER, 13 Jahre, Veldenz

Respekt

Der Vater waschen Teppich mit neues sicheres Gefühl
Sam freut sich auf Silvester
Aber beim Kommen neue zwei junge
Mit kleinstmöglicher Vergangenheit unter
Ihnen
Junge gelebt
Davor warten die Person auf
Tim Zeit Reise

AARON GEBHARDT, 12 Jahre, Hundheim
EMILY ALBRAND, 12 Jahre, Bischofsdhron

LYRIK II

Antworttexte

Je öfter man Trolllyrisches liest, desto deutlicher tritt eine mögliche Bedeutung hervor, die für den einen Leser so, für die andere Leserin so sein kann. Wir nennen das Lesarten und schreiben „Antworttexte“ dazu. Die Antworttexte sind immer noch Lyrik. Es bleiben Gedichte.

Für unsere Antworttexte lesen wir die Troll-Gedichte wieder und wieder. Nach und nach ergänzen wir Wörter oder verändern sie oder ihre Reihenfolge:

Neue Google-Seite

Google Airport geht hoch.
Die Sport-Welt ist ein Geschäft.
Das Team Teufel im Haus raucht einen Joint und wartet aufs FC-Wunder.
Die Vorschau auf die schönste Mode geht vorbei.
Einmal sterben ist gut.
Ich gewinne eine Burg.
Nicht zu viel Stahl, sonst stirbt immer der Tod.
Der Afrikasport durch Tötung nervt.
Du bist jetzt Mist.

TIM WEYAND, 13 Jahre, Weiden

Neue Google-Seite

Der Troll sagt google soll sterben,
Weil es in Afrika nervt
Und die Trolle es hassen.
Mist! Der Troll stirbt wegen des Teufels.
Trolle FC-Wunder!
Aber Trolle gewinnen immer im Spaßsport.
Ende

ANDREEA RAULS, 13 Jahre, Hoxel, FINJA KNÖFEL, 12 Jahre, Morbach, NOAH REITZ, 11 Jahre, Gonzerath

Der Titel

Ed Sheeran ist am Schlagerhimmel.
Warum beschützt du Konflikte?
Viel Inhalt ist zwischen Stimmung und Vorbild
keine gute Idee
Mach es dir und ihm gemütlich.
Was? Du hast es ihnen gesagt?
Warum? Das war unser Geheimnis.
Und du sagst es einfach.
Weißt du, ich kann mir dein Gelaber nicht
mehr anhören.

FABIAN MOSELER, 13 Jahre, Hintzerath

Die Wörter

Der Troll bekommt neue Bücher.
Sie sehen aus wie Schuhe – groß und klein.
Kleine Trolle helfen mit – so klein wie eine Maus.
Schließlich laufen sie weg.
Vor den Wörtern und weil sie schreiben müssen.
Und sind dann ganz glücklich.
Und sie tanzen gerne.

ANDREEA RAULS, 13 Jahre, Hoxel, FINJA KNÖFEL, 12 Jahre, Morbach, NOAH REITZ, 11 Jahre, Gonzerath

Silvester

Trolle feiern in Deutschland Silvester.
Sie richten großen Schaden an.
Viele Trolle laufen wie Wintersportler durch die Buchhandlung.
Lachen sich schlapp und lösen einen Alarm aus.
Brennend hängt sich ein Troll an eine Rakete,
fliegt leuchtend in den Himmel.

ANDREEA RAULS, 13 Jahre, Hoxel, FINJA KNÖFEL, 12 Jahre, Morbach, NOAH REITZ, 12 Jahre, Gonzerath

Respekt

Sam und ihr Troll waschen die Teppiche.
Andere Trolle haben sie angespuckt.
Davor waren sie noch sauber.
Nur noch kleinstmöglicher Respekt.
Trolle haben keinen Respekt.

ANDREEA RAULS, 13 Jahre, Hoxel, FINJA KNÖFEL, 12 Jahre, Morbach, NOAH REITZ, 11 Jahre, Gonzerath

Erfinder

Erfinder packen Trollmädchen schnell.
Packen sie in den Streichelzoo.
Die Erfinder rufen „wow".
Alle lachen.
Ein Trollmädchen sagt „Lala ist cool!"
Weil das die Mutter ist.

ANDREEA RAULS, 13 Jahre, Hoxel, FINJA KNÖFEL, 12 Jahre, Morbach, NOAH REITZ, 11 Jahre, Gonzerath

Versöhnungs-Show

Die Trolle reisen auf Fledermäusen
Mit Hüten
In andere Orte
Eine Versöhnungs-Show auf andere Art
Wir sind gemeinsam stark.

ANDREEA RAULS, 13 Jahre, Hoxel, FINJA KNÖFEL, 12 Jahre, Morbach, NOAH REITZ, 11 Jahre, Gonzerath

Die Troll-Show

Die Mode ist gut.
Von Trollen entworfen
Vor dem Haus
Und sie finden eine Burg
Aus viel Stahl
Dort findet die Show statt.
Es sollen nicht so viele Trolle kommen
Die Burg ist schnell voll
Und dann läuft das Geschäft nicht mehr.

ANDREEA RAULS, 13 Jahre, Hoxel,
FINJA KNÖFEL, 12 Jahre, Morbach

Der Titel

Die Stimmung hinter dem Schlagerhimmel
von Ed Sheeran.
Warum? Weil er ein gemütliches Vorbild ist.
Die Trolle haben sich zu Ed Sheeran
einen gemütlichen Titel ausgesucht.
Ed Sheeran beschützt die Trolle, bevor es knallt.

ANDREEA RAULS, 13 Jahre, Hoxel,
FINJA KNÖFEL, 12 Jahre, Morbach

Troll vs. Flugmann

Ein Troll geht alleine zur Schule.
Von oben kommt Flugmann.
Er landet.
Der Troll ist vor der Schule.
Flugmann nimmt einen Raketenwerfer.
Beschießt die Schule.
Alles kaputt.
Ende.

NOAH REITZ, 11 Jahre, Gonzerath

Der Teich

Fische reiten auf Trollen
Trolle sind sehr unschlau
Deswegen lassen sie los
Fallen in den See und ertrinken.

NOAH REITZ, 11 Jahre, Gonzerath

Lyrik III: Juwelen

Das Baden im Trolllyrischen setzt die Gesetze des Erlernten außer Kraft und macht Mut, etwas Neues auszuprobieren. Das Neue funkelt wie Juwelen.

Bald

Bald		Ich
Beruf		niemals
	nichts	
	haben	hey
leider		Baum
	Hallo	
nicht		wir
	wieso	
Ferien		wann
	tot	
warum		irgendwas

CHRISTIAN HARTWIG, 13 Jahre, Wenigerath

Gut zu sein

Keine Kinder ärgern
Keine Eltern ärgern
Immer das machen, was einem die Eltern sagen

Wenn ich nicht gut bin
Holen die mein Handy
Dann bin ich sauer

Aber wenn ich gut bin
Schauen mein Vater und ich abends Filme
Und das mag ich

Probleme
Wir dürfen nie raus
Immer bekommen wir Ärger in der Schule

Wenn ich zuhause etwas aufhabe
Darf ich nicht raus
Ich gehe immer nach der Schule Fußball spielen

Erst gehe ich nach Hause
Dann spiele ich Fußball
Ich mag das

IBRAHIM HALAWA, 13 Jahre, Morbach

Ich muss

Ich ging in den Keller und sah einen gelben Troll. Das interessierte mich nicht. Ich musste Mathe-Hausaufgaben machen.

900.000	900	90
800.000	800	80
700.000	700	70
600.000	600	60
500.000	500	50
400.000	400	40
300.000	300	30
200.000	200	20
100.000	100	10

IBRAHIM HALAWA, 13 Jahre, Morbach

Troll-Treffen

Mittlerweile sind unsere Trolle so lebendig, dass sie Lust haben, sich zu treffen und neue Abenteuer zu bestehen.

Die geheimnisvolle Schatzsuche

Es waren einmal vier Trolle namens Helmut, No Name, PS4 und Knurr. Sie waren Brüder, die ein leeres Blatt geerbt hatten. Jeder hatte sein eigenes Haus, aber sie trafen sich ab und zu im Elternhaus, um herauszufinden, was es mit dem leeren Blatt auf sich hatte.

Gerade saßen sie am Tisch und aßen zusammen Zauberstaub. In der Mitte lag das leere Blatt. Plötzlich fiel No Name ein bisschen von seinem Zauberstaub aufs Blatt.

PS4 regt sich fürchterlich auf: „Du Tollpatsch. Kannst du nicht aufpassen?"

Knurr rollte mit den Augen: „Müsst ihr euch denn immer streiten?"

Helmut sprang auf. „He, guckt mal. DA!"

Alle Augen sahen auf das Blatt, auf dem plötzlich Striche sichtbar wurden.

PS4 riss seinem Bruder No Name den Teller weg und schüttete das Essen aufs Blatt. No Name lief rot an vor Zorn und schrie: „Hey, du verfressener zocksüchtiger Fett-Troll, das wollte ich doch noch essen."

Helmut mischte sich ein: „Stimmt, PS4 zockt wirklich zu viel, aber fett bist du, mein lieber No Name."

„Ich?“, empörte sich No Name. „Ich esse jeden Tag nur einen Walfisch.“

Knurr kicherte: „Und was ist das dann in deiner Hand? Ich glaube ein Schokoriegel.“

Schnell versteckte No Name den Schokoriegel hinter seinem Rücken.

Helmut sagte: „Es ist doch jetzt egal, was ihr esst. Wir müssen uns auf das Blatt konzentrieren.“

Die vier Brüder beugten sich über das Blatt, auf dem ein großer Berg sichtbar wurde, der Feuer ausspuckte. Das Feuer war echt. Im Elternhaus wurde es so heiß, dass sie rausgehen mussten.

Helmut schlug vor, den Vulkan zu suchen. Aber Knurr hatte eine bessere Idee. „Guckt mal da. Ist das nicht ein Kreuz wie auf einer Schatzkarte?“ Sein Finger zeigte auf das rechte untere Ende des Blattes.

No Name rieb sich die Wampe. „Au toll. Ein Schatz. Wenn wir ihn finden, kann ich so viel essen wie und was ich will.“

Währenddessen ging PS 4 nach Hause und gurgelte im Trollnet nach dem Vulkan. Über sein Trollphone meldete er sich bei seinen Brüdern und sagte ihnen, wo der nächste Vulkan ist. „Ich schicke euch die Koordinaten aufs Trollphone. Aber seid vorsichtig. Hier steht: Ausbruchgefahr.“

Die Brüder gingen los. Der Weg war sehr beschwerlich, denn er führte über Geröll und durch Flüsse. Endlich sahen sie den Vulkan, der laut brodelte. Trotzdem machten sich Helmut, No Name und Knurr an den Aufstieg. Als sie oben waren, sahen sie eine mechanische Gestalt unter einem Baum. Sie erfuhren von ihrem Bruder PS 4, dass es sich um einen Roboter handelte, der den Vulkan beobachten und melden sollte, wenn der Vulkan ausbricht.

Der Roboter fing an rot zu blinken, und er schrie: „Liebe Trolle. Verzeiht! Der wunderschöne Wald wird in wenigen Augenblicken zerstört werden."

Die Troll-Brüder hörten es hinter sich bereits brodeln. Sie rannten schnell den Vulkan herunter. Da brach der Vulkan aus, und sie wurden von Lava verfolgt.

Helmut rief: „Da fliegt ein roter Diamant."

Knurr fing den Diamanten auf, der alles um sich herum in ein hellleuchtendes Rot tauchte. Als Helmut den roten Diamanten berühren wollte, fiel dieser in die Lava. Die Lava hörte sofort auf zu brodeln. Sie war zu Stein geworden. Daraufhin stoppte die Lava. Knurr hob den Diamanten auf.

Das Trollphone klingelte. „Was treibt ihr da? Auf der Karte leuchtet ein roter Punkt."

No Name antwortete: „Das wird der Diamant sein, den wir in den Händen halten."

PS4 sagte: „Jetzt leuchten auch noch rote Punkte auf. Sie weisen den Weg ins Innere des Vulkans."

No Name war ganz aufgeregt. „Das ist der Weg zum Schatz!"

*

Knurr ging voran über die leuchtenden Steine, die ihnen den Weg wiesen. Dennoch war es in dem Berg ziemlich düster. Und stickig sowieso. No Name stolperte über einen Stein und knallte gegen die Bergwand.

„Kannst du nicht aufpassen, du Tollpatsch", schrie Knurr.

Helmut mischte sich ein. „Müsst ihr euch schon wieder streiten. Wir sind hier auf einer Mission!"

In dem Moment öffnete sich über No Names Kopf die Bergwand. Den Brüdern klappten die Münder auf. Sie sahen einen großen Saal, in der Mitte befand sich ein Thron, auf dem eine Schatztruhe stand.

Alle rannten los. Kurz bevor sie den Thron erreichten, klingelte das Trollphone. „Passt auf", schrie PS 4. „Wenn ihr näherkommt, explodiert der ganze Saal."

Knurr knurrte: „Woher willst du das wissen?"

PS 4 antwortete: „Ich war nochmal im Elternhaus und habe einen Brief gefunden. Darin steht alles geschrieben. Vertraut mir und tut, was ich sage."

Ende Teil 1, Fortsetzung folgt – nicht

AARON GEBHART, 12 Jahre, Hundheim, AARON TRARBACH, 13 Jahre, Horbruch, TIM WEYAND, 13 Jahre, Weiden, LUKAS BARTH, 14 Jahre, Hellertshausen, FINN WAGNER, 12 Jahre, Morbach

Die Entführung

Es treffen sich fünf Trolle, von denen einer – mit Namen Two-Face – fragt: „Wie heißt ihr?" Die Müll-Trollin Gerda antwortet nicht, sie hört einfach nicht zu und dreht sich summend im Kreis.

„Hallo, ich heiße Leo", spricht der Troll ein bisschen gelangweilt in die Runde, der einen weißen Hoodie und eine schwarze Hose trägt. Seele der Asche nennt ebenfalls seinen Namen.

„Ich habe keinen Namen", kommt es von der Seite, und dann, zögerlich: „Aber doch, ich heiße Olli". Der Troll, der spricht, ist groß und stark, und sehr hübsch mit seinem schwarzen Haar. Er trägt einen Stock, auf der eine Kugel mit Klebeband befestigt ist.

Sie stehen auf einem Dorfplatz, auf dessen Mitte sich ein runder, schwarzer Brunnen befindet, der Müll ausspuckt. Der Gestank ist eklig, aber Gerda fühlt sich sauwohl und dreht sich immer noch glücklich im Kreis. Seele der Asche fragt TwoFace, der muskulös und kräftig aussieht, ob sie Verbündete sein wollen, um gemeinsam stärker gegen mögliche Feinde auftreten zu können. Ihr gemeinsamer Feind, so stellt sich heraus, ist der Trump-Troll, den eben keiner mag, weil er einfach komisch und rassistisch ist, Bomben wirft und Mauern baut. Und er ist inkompetent, niemals hätte man den Trump-Troll zum Anführer bestimmen sollen.

Gerda interessiert das alles immer noch nicht, sie setzt sich mitten in den Müll-Brunnen und isst von dem dort herumliegenden Müll. Seele der Asche, der das beobachtet, ekelt sich und sagt: „Das ist einfach widerlich" und weicht einen Schritt zurück. Auch Leo ist angewidert, er muss sich sogar übergeben. Gerda freut sich und greift zu, gierig schluckt sie das Erbrochene. TwoFace fragt Leo, ob er sich ebenfalls mit ihnen verbünden möchte, um mit ihnen in den Kampf zu ziehen.

Olli schreit Gerda an: „Hör auf damit, Abfall zu schlucken!"

Die erschrockene Müll-Trollin dreht sich um und macht sich beleidigt auf den Heimweg.

TwoFace ruft ihr nach: „Hey, warum gehst du?" Gerda, die angefangen hat zu weinen, läuft weiter. Leo hält sie auf: „Bleib doch hier!"

Gerda hält inne. In dem Augenblick, in dem sie stehen bleibt, reitet jedoch ein riesiger Troll mit blonden Haaren in einem blauen Anzug auf einem Hamster auf den Dorfplatz: der TrumpTroll! Er schnappt sich Gerda und verschwindet. Der TrumpTroll nimmt sich nämlich immer alles, was er will. Doch die verbündeten Trolle wollen ihn nicht davonkommen lassen. Seele der Asche zückt sein Ultra-Großschwert, auch Leo zieht sein Schwert und beide machen sich an die Verfolgung des TrumpTrolls. Auch TwoFace sprintet los, er läuft schneller als Usain Bolt, der Fitness-Troll. Er erreicht die Flüchtenden auf dem Hamster und schnappt sich Gerda, während Leo und Seele kurzen Prozess mit dem TrumpTroll machen und ihm direkt in die Fresse schlagen.

Olli, der den Kampf beobachtet hat, macht einen Freudensprung in die Luft und ruft: „Auf Wiedersehen, bis bald! Ich muss heim." Er dreht sich um und macht sich auf nach Syrien. Seele der Asche, immer noch einen Fuß auf Trumps Bauch, lacht: „Carglas demoliert, Carglas haut drauf".

MARLON MÜLLER, 15 Jahre, Kempfeld, IBRAHIM HALAWA, 13 Jahre, Morbach, EMILY ALBRAND, 12 Jahre, Bischofsdhron, FABIAN MOSELER, 13 Jahre, Hellertshausen und CHRISTIAN HARTWIG, 13 Jahre, Wenigerath

Das Treffen der fünf Trolle

In einem Wald trafen die Trolle Hannah, Rio, James, Penelope und Pinkie zum ersten Mal aufeinander. Es herrschte eine befremdliche Stimmung, denn die Trolle hatten sich noch nie zuvor gesehen und jetzt sollten sie zusammen zum Troll-Fest gehen.

Niemand sagte etwas, alle blickten zu Boden. Hannah knabberte an ihren langen Fingernägeln, Rio hielt sich verstohlen die Nase zu, denn sie ekelte sich vor den anderen Trollen, weil sie so sauber und ordentlich waren.

Penelope, James und Pinkie hielten sich vor Angst an den Händen und gaben sich so ein wenig Geborgenheit. „Ich will nicht zu diesem blöden Troll-Fest", sagte Rio. „Da sind bestimmt alle so sauber wie ihr."

„Quatsch", meinte Hannah, „wahrscheinlich sind alle so dreckig wie du."

„Wie auch immer", mischte sich Penelope ein. „Wir müssen zur Kirmes; das ist eine gute Übung gegen unsere Angst vor Menschen." Die Troll-Gruppe besuchte gemeinsam das Fahrgeschäft „Breakdancer", eine Schiffschaukel, wo sie viel Spaß miteinander hatten. Penelope wollte immer höher schaukeln als alle anderen, und lachte sich dabei kaputt. Das fanden alle sehr nett und so freundeten sie sich miteinander an. Die Stimmung war ausgelassen. Auf einmal stand ein Feind vor der Gruppe: ein Mensch. Rio erkannte sofort: „Das ist ein Troll-Jäger. Wir müssen verschwinden."

Der Troll-Jäger hielt die Schiffschaukel mit einer Hand an und lachte hämisch: „Zu spät, ihr Wichte! Ich werde eure Köpfe zur Dekoration an meine Wand hängen."

Aber Rio ließ sich nicht abschrecken. Sie griff in ihren Rucksack, der immer voll mit benutztem Klopapier war, und bewarf den Troll-Jäger damit. Der Troll-Jäger ließ die Schiffschaukel los und schrie: „Was für eine Sauerei. Das ist ja ekelhaft!" Er versuchte, sich das Klopapier aus den Haaren und von den Kleidern zu wischen, dabei stolperte er rückwärts. Die Schiffschaukel neben Rio, Pinkie, James, Hannah und Penelope erwischte ihn mit voller Wucht. Der Troll-Jäger flog in hohem Bogen auf das Kettenkarussell und von dort aus weiter bis über den Wald. Schreiend krachte er durch die Bäume.

Als er wenig später zurück zur Kirmes kam, blutete er an der Stirn, aber winkte den Trollen freundlich zu. James kicherte: „Scheinbar ist er auf einen Stein geknallt und hat vergessen, dass er ein Troll-Jäger ist."

Jetzt lachten alle Trolle und klatschten sich ab.

Sie gingen schließlich zu Penelope nach Hause und tranken einen Tee.

Auf einmal klopfte es an der Tür.

Rio öffnete vorsichtig – und vor ihr stand der Troll-Jäger. Er schubste Rio zur Seite und trat in die Hütte ein. Hinter ihm tauchten zwei weitere Menschen auf, die ihm helfen wollten.

„Was wollt ihr?", fragte Hannah.

„Natürlich einen Tee mit euch trinken", sagten die Troll-Jäger. Einer der Troll-Jäger hatte Muffins und Kuchen dabei, die er auf den Tisch stellte. Die Trolle waren überrumpelt. Alle setzten sich zusammen an den Tisch und taten friedlich.

Doch plötzlich sprangen die drei Troll-Jäger auf und wollten die Trolle gefangen nehmen, um aller Welt zu beweisen, dass es Trolle auch wirklich gab. Es wurde hart gekämpft. In letzter Sekunde verzauberten Rio und Pinkie die Troll-Jäger zu hundert Jahren Schlaf, damit sie den Trollen nichts mehr antun konnten.

Feierlich gingen die Troll-Freunde zur Troll-Eisdiele und genossen ihr Siegeseis. Sie freuten sich alle gemeinsam über ihren Triumph über die Menschen.

Der nette Eisverkäufer setzte sich zu ihnen und spendierte ihnen ein Eis. Er hörte, wie die Freunde über die Troll-Jäger sprachen und erzählte, dass er schon einmal selbst einen Todeskampf mit einem Troll-Jäger überlebt hatte. „Sie überrumpelten mich, als ich auf dem Weg zum Schwimmbad war, wo ich meine Freunde treffen wollte. Sie waren zu fünft. Zwei kamen von hinten, drei von vorne, sie warfen ein Netz über mich. Sie wussten nicht, dass meine Haut heiß wie Feuer wird, wenn ich in Todesangst bin. Deshalb verbrannte das Netz. Ich lief davon und versteckte mich zuhause. Danach rief ich meine Freunde an und bat sie vorbeizukommen. Aber ich warnte sie vor den Troll-Jägern." Er zwinkerte den Troll-Freunden zu und sagte feierlich. „Wir müssen zusammenhalten! Immer. Dann können wir den Kampf gewinnen. Auf uns!"

Die Troll-Freunde nickten und erwiderten feierlich: „Auf uns!"

MIRA BRANDSTETTER, 13 Jahre Thalfang, EMMA KAISER, 11 Jahre, Oberkleinich, FINJA KNÖFEL, 12 Jahre, Morbach, ANDREEA RAULS, 13 Jahre, Hoxel, SAMANTHA REICHENWALLNER, 13 Jahre, Veldenz

Waldtag II

Fundstücke

Der zweite Waldtag muss leider ins Wasser fallen. Ende Oktober ist es in Morbach einfach zu kalt und zu nass, um stundenlang durch den Wald zu streifen. Wäre es ein wenig wärmer und trockener, würden wir unter Anleitung von Helena Stein unseren Trollen Gesichter geben – und zwar Baumgesichter.

Stattdessen erzählt Helena Stein in der warmen Bibliothek bei Keksen und Saft von Wölfen, Wildschweinen, Hirschen, Eichelhähern und Rehböcken. Und schenkt uns damit einen wunderbar gemütlichen und spannenden Vormittag. Sie zeigt Geweihe und eine abgetrennte Wildschweinpfote (die übrigens Schale heißt), hat Waldfrüchte, Rinde und Blätter dabei.

Die Schüler*innen betrachten die Materialien sehr eingehend, hören der Försterin gebannt zu und stellen viele Fragen. Gibt es bei uns auch wieder Wölfe? Können Wölfe schwimmen? Warum heißt der Eichelhäher Polizist des Waldes? Sind Wildschweine Helfer im Wald? Und was sagen unsere Trolle eigentlich dazu?

Um das herauszufinden, schreiben wir kurze Geschichten, die von den Exponaten inspiriert sind.

Dann eben Rinde

Mein Troll ging in den Wald, um Feuerholz zu suchen. Doch es lag kein Holz mehr auf dem Boden. Er setzte sich auf einen Baumstumpf und schluchzte. „Was soll ich machen? Es wird bald Winter? Wie soll ich mich aufwärmen?"

Da sah er ein Reh, das Rinde von einem Baum abknabberte. Der Troll lächelte. „Dann nehme ich einfach Rinde", rief er und sprang auf.

MIRA BRANDSTETTER, 13 Jahre, Thalfang

Das Schwein oder Ich

Beim Laufen habe ich einen Hammer gefunden. Ich will damit Leute töten oder Essen hacken. Ich will den Hammer ausprobieren. Ich probiere ihn an einem Schwein aus. Aber der Hammer funktioniert nicht. Ich bin tot.

MARLON MÜLLER, 15 Jahre, Kempfeld

Blätterbett

Mein Troll Lazy geht in den Wald, um sich Sachen zum Hausbau zu suchen. Da es Herbst ist, eignen sich Blätter gut, denn es gibt jede Menge davon. Lazy holt sich einen Arm davon mit und baut sich schon einmal ein Bett.

IRA BECKER, 15 Jahre, Morbach

Stromschwein

Ich habe beim Zocken einen Wildschweinfuß gefunden, der in einem dunklen Wald gelegen hat. Nach 300 Jahren kommt das Schwein zurück, weil es den Fuß riecht. Ab da werde ich eine PS 4 ohne Strom haben, weil das Wildschwein den Strom abschaltet.

LUKAS BARTH, 14 Jahre, Hellertshausen

Federschmuck

No Name ging durch die Gegend und sah einen Vogel auf dem Baum. Der Vogel flog auf No Names Kopf. Er ließ eine Feder fallen, die von da an blau in No Names Haaren schimmerte, ohne dass er es wusste.

TIM WEYAND, 13 Jahre, Weiden

Die Verwandlung

Damit Melody Angel nicht mehr alleine und traurig sein muss, möchte sie endlich abnehmen. Aus diesem Grund macht sie eine Blätterdiät. Sie isst ab sofort Ahorn- und Buchenblätter und viele andere Blätter. Die Blätter schmecken ihr nicht besonders, aber ihr Diät-Berater sagt: „Bald gewöhnst du dich an diesen Geschmack."

Obwohl sie es sich anders vorgestellt hatte, hält Melody Angel die Diät durch. Sie nimmt in drei Wochen 1 kg ab. Für einen Fetttroll ist das viel, denn Fetttrolle nehmen nicht so schnell ab. Nach und nach wird sie immer dünner bis sie sich schließlich in eine Modeltrollin verwandelt. Und dann findet sie endlich ihren Seelenverwandten.

AARON GEBHARDT, 12 Jahre, Hundheim

Die Warnung

Pinkie ging auf Wolke 15 in den Wald. Sie hörte einen Eichelhäher und versteckte sich hinter einem Baum, denn Eichelhäher sind die Polizisten des Waldes.

„Sicher will der Vogel mich warnen", dachte Pinkie in ihrem Versteck. Als sie ein Geräusch hörte, lugte sie vorsichtig in den Wald hinein. Da schlurfte ein Drache vorbei.

„Dieser Eichelhäher!", sagte Pinkie belustigt und trat aus ihrem Versteck. „Drachen sind doch ganz lieb."

Sie sah in den Himmel, aus dem eine blaue Feder direkt vor ihre Füße fiel.

SAMANTHA REICHENWALLNER, 13 Jahre, Veldenz

Absturz

Flitzi ging durch den Wald. Da stürzte ihm ein Vogel vor die Füße, der nicht mehr fliegen konnte. Er hatte sich einen Flügel gebrochen und eine Feder verloren. Flitzi fragte, ob er Hilfe bräuchte. Der Vogel piepste. Flitzi pflegte den Vogel gesund, bis er wieder fliegen konnte. Die Feder durfte er behalten.

NOAH REITZ, 11 Jahre, Gonzerath

Herbst

Der Troll sieht grüne Blätter am Baum hängen und fragt sich, warum sie nicht herunterfallen, damit er sie essen kann.

„Ich finde es nicht gut, dass die Blätter nicht herunterfallen", murmelt er.

Dann holt er seine Axt und hackt die Blätter ab.

FABIAN MOSELER, 13 Jahre, Hintzerath

Versuch

Der Klo-Troll hat sich einen Hammer angeschafft, weil er die Bakterien töten will. Er sitzt vor dem Klo und hämmert auf die Kloschüssel ein. Da geht die Kloschüssel zu Bruch.

„Hilfe! Hilfe!", ruft der Klo-Troll. „Jetzt laufen alle Bakterien im Raum herum!" Der Troll sinkt zu Boden. „Mist", denkt er. „Hammer sind doch nicht so gut zum Bakterientöten wie ich dachte."

FINJA KNÖFEL, 12 Jahre, Morbach

Heilen

Mein Troll macht aus Blättern Medizin. Er heilt damit die Tiere. Er heilt auch sich selbst, wenn er krank ist oder sich etwas staucht. Mit Blättern würzt er zudem sein Fleisch oder seine Suppe. Und er macht Salben.

LISA NIKODEMUS, 15 Jahre, Hoxel

Schlau

Der schlaue Schlehrer hat mit der Axt die Rinde vom Baum geschlagen, um sie seinen Schülern zu zeigen. So bringt er ihnen bei, dass er Schuldirektor werden kann.

DONAVAN DE VRIES, 14 Jahre, Morbach

Inhalt